CANTIQUES

SPIRITUELS,

SUIVIS D'UNE PROSE,

Traduite en Vers Français ;

D'UNE ODE SUR LE RETOUR

DES BOURBONS,

ET D'UN SONNET SUR LA RENTRÉE DE BONAPARTE.

Par J. B. BOURLET, *Desservant de Palluel.*

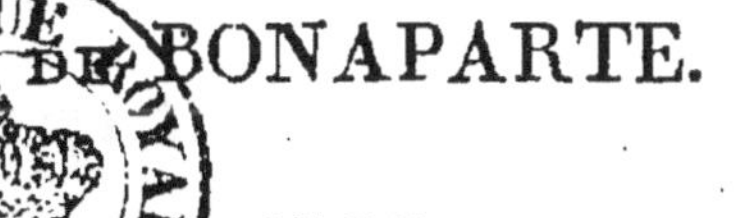

A DOUAI,

z CARPENTIER père, Imprimeur, rue des Chapelets.

20 Juillet an 1817.

CANTIQUE

Sur les œuvres et la grandeur de Dieu.

Cœli enarrant gloriam Dei, et opera manuum jus annunciat firmamentum :

Les cieux racontent la gloire de Dieu, et le firmament annonce les œuvres de ses mains. *Ps.* 18, *v.* 12.

Cieux et mers, faites silence ;
Et vous, mortels, écoutez :
Je vais chanter la puissance
Du Dieu que vous redoutez.
Que les accords unanimes
De ce concert solemnel,
Montent jusqu'aux lieux sublimes
Où réside l'Éternel.

Dans un séjour plein de charmes
Ce Dieu règne avec ses saints :
Du juste il tarit les larmes
Et nos jours sont dans ses mains,

Qui peut approcher le trône
Où repose sa grandeur ?
De l'éclat qui l'environne
Qui peut fixer la splendeur ?

Grand Dieu ! quand tu te révèles
A tes Anges réjouis,
Les Chérubins de leurs aîles
Couvrent leurs fronts éblouis ;
Le ciel même plein de crainte
Tremble à ton auguste aspect,
Et sous ta majesté sainte
Il s'incline avec respect.

Au son de ta voix féconde
Parut ce vaste univers ;
Tu peuplas la terre et l'onde
De mille animaux divers.
L'homme, ton plus bel ouvrage,
Créé pour règner sur eux,
Porte ta divine image
Sur son front majestueux.

Toi qu'il fit pour le connaître,
Pour l'aimer et l'adorer,
Quand tout annonce cet être,
Mortel, peux tu l'ignorer ?
Vers cette voûte éclatante
Lève un moment tes regards,

[5]

Le sceau de sa main puissante
Y brille de toutes parts.

⁕

Vois-tu ce ciel qu'il déploie
Parsemé d'astres charmans,
Comme un vêtement de soie
Enrichi de diamans ?
Dans sa pompeuse carrière
Vois s'avancer à grands pas
Ce soleil dont la lumière
Eclaire tous les climats.

⁕

Sa main creusa les abymes,
Fit descendre les vallons,
Eleva les monts sublimes,
Déchaîna les aquilons ;
Il fait gronder les tempêtes,
Mugir les flots furieux,
Et sur nos coupables têtes
Il tonne du haut des cieux.

⁕

Que le ciel, la terre et l'onde
Célèbrent leur Créateur ;
Que les Monarques du monde
Tremblent devant sa grandeur.
Pour nous, remplis d'allégresse,
Chantons, chantons à jamais
Sa puissance et sa sagesse,
Sa clémence et ses bienfaits.

CANTIQUE

Sur la confiance du juste au Seigneur.

Junior fui, et enim senui; et non vidi justum derelictum nec semen ejus quærens panem:

J'ai été jeune et je suis vieux; et je n'ai jamais vu le juste abandonné ni ses enfans manquer de pain. *Ps.* 36, *v.* 25.

Toujours j'aimerai le Seigneur;
Il est ma force et mon refuge;
Il est mon aide et mon sauveur,
Mon maître et mon souverain juge.
C'est en lui que mon ame a mis
Son espoir et sa confiance,
Et contre tous mes ennemis
C'est lui qui prendra ma défense.

Lorsque 'l'amertume et l'ennui
accablent mon ame craintive,
S'élève aussitôt jusqu'à lui
L'humble accent de ma voix plaintive ;
Son oreille du haut des cieux
Entend ma prière efficace,
Et sa main , dans mon cœur joyeux,
Répand les douceurs de sa grace.

Le mortel qui l'invoquera
Obtiendra de lui toute chose :
Jamais ce père n'oublîra
L'enfant qui sur lui se repose ;
C'est de lui que la fleur des champs
Reçoit son aimable parure ,
L'oiseau de ses soins bienfaisans
Chaque jour attend sa pâture.

Nos besoins et nos maux divers
Sont connus à sa providence ;
Il a les yeux toujours ouverts
Sur le crime et sur l'innocence ;
Il voit l'impie et l'opulent
Jouir d'un sort doux et prospère ;
Il voit le juste et l'indigent
Gémir au sein de la misère.

De l'humble qu'il semble oublier
Tôt ou tard il sèche les larmes,
Et rabaissant l'impie altier,
Change ses plaisirs en alarmes.
Cessons-donc d'envier le sort
De l'opulence fortunée,
Songeons, songeons après la mort
Quelle sera sa destinée.

Soyons bons, soyons vertueux,
Et dans tout état de la vie
Notre sort sera plus heureux
Que le destin du riche impie.
Le pécheur jamais n'est content,
Même au milieu de l'abondance ;
Car il n'est point pour le méchant
De repos ni de jouissance.

C'est en vain que l'iniquité
Amasse et désire sans cesse,
Et fonde sa félicité
Sur la grandeur et la richesse.
Le bonheur ne s'achète pas ;
Ennemi du crime et du vice,
Cherchons-le toujours ici-bas
Dans la sagesse et la justice.

Heureux celui qui du pécheur
Evite la route insensée ,
Et qui de la loi du Seigneur
Occupe en tout tems sa pensée ;
Plein de droiture et d'équité ,
Il croît , fructifie et prospère
Ainsi qu'un jeune arbre planté
Au bord d'une onde salutaire.

❈

Oui , si le chrétien plein de foi ,
Animé d'amour et de zèle ,
Pratique la divine loi ,
Est à tous ses devoirs fidèle ;
Son Dieu propice et généreux ,
Toujours bon , toujours équitable ,
Le couronnera dans les cieux
D'un bonheur parfait et durable.

PROSA

In festum nativitatis D. N. S. J. C. (*)

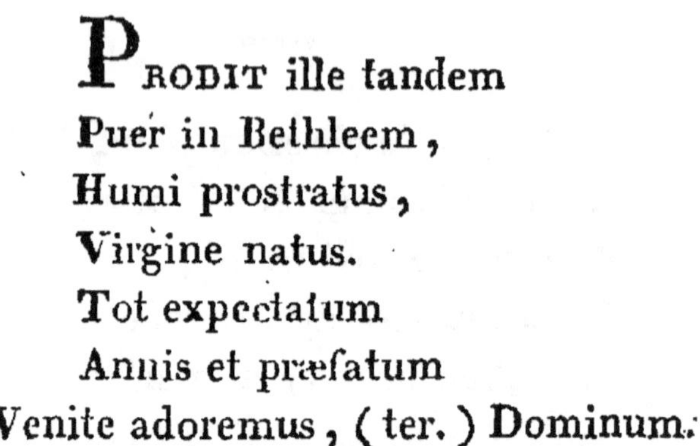

Prodit ille tandem
Puer in Bethleem,
Humi prostratus,
Virgine natus.
Tot expectatum
Annis et præfatum
Venite adoremus, (ter.) Dominum.

In noete sepultis
Et in umbra mortis
En stella micat
Viamque signat.
Sequamur astrum
Ingressique domum
Venite adoremus, (ter.) Dominum.

(*) Cette prose a été approuvée par Mgr. l'évêque d'Arras, et chantée dans sa cathédrale.

PROSE

Pour la Féte de Noël.

HEUREUSE Bethléem , dans ton auguste enceinte
Tu vois en triomphant
Naître enfin ce Sauveur qui, d'une Vierge sainte ,
A voulu naître enfant.
Ce fils dont l'Univers attendait la naissance ,
Dans son humble berceau confondant l'opulence ,
Venez , adorons-le , (ter.) le Seigneur.

Dans l'aveugle cahos d'une nuit ténébreuse
Les humains égarés ,
Par l'éclat radieux d'une étoile pompeuse
Soudain sont éclairés.
Courons où ce flambeau nous guide et nous convie ;
Et prosternés aux pieds de l'enfant de Marie ,
Venez , adorons-le , (ter.) le Seigneur.

Ut lumen viderunt
Statim reliquerunt
Patriam reges,
Gregem pastores.
Quem Judæorum
Quærunt Regem natum
Venite adoremus, (ter.) Dominum.

Dum infanti digna
Offeruntur dona,
Nimirùm thura,
Aurum et myrrha;
Ut quoque nostrum
Feramus tributum
Venite adoremus, (ter.) Dominum.

Cunis propinquate
Vestrumque spectate
Fœno jacentem
Liberatorem.
Cœlo delapsum
Hominemque factum
Venite adoremus, (ter.) Dominum.

Le Roi quittant alors les soins de sa Couronne,
Suit cet astre nouveau ;
Le Pasteur vigilant que ce prodige étonne
Quitte aussi son troupeau.
Ils vont chercher le Dieu , le Roi des Nations ,
Nous qui l'avons trouvé nous qui le connaissons ,
Venez , adorons-le , (ter.) le Seigneur.

Tandis que de ce Roi reconnaissant l'empire
Par de riches présens ,
Les Mages empressés lui portent de la myrrhe ,
De l'or et de l'encens :
Peuples , qu'il affranchit du joug de l'esclavage ,
Pour lui porter aussi vos vœux et votre hommage ,
Venez , adorons-le , (ter.) le Seigneur.

O vous qui poursuivez la fortune infidèle ,
Les biens et la grandeur ,
Approchez et voyez ; voilà votre modèle ,
Voilà votre Sauveur !
Ce Dieu qui , sans quitter la droite de son Père ,
Immortel , naît du sein d'une mortelle Mère ,
Venez , adorons-le , (ter.) le Seigneur.

[14]

Qui regnabat cœlis,
Pauper et imbellis,
Nunc Infans vagit
Mammamque sugit.
Hìc tamen Deum
Atque Regem Regum
Venite adoremus, (ter.) Dominum.

Æterni parentis
Obsequens mandatis,
Sese deprimit
Et nos redimit.
Qui inimicum
Sic terit superbum
Venite adoremus, (ter.) Dominum.

Hic est Patris splendor
Cui decus et honor
Penditur cunctis
A cœli Sanctis.
Numem Supremum
Sub carne velatum
Venite adoremus, (ter.) Dominum.

[15]

Celui qui règne aux Cieux et que servent les Anges
Maintenant faible Enfant,
Couché dans une crèche, enveloppé de langes,
Gémit pauvre et souffrant.
Est-ce bien là le Dieu qui règle nos destins ?
Oui, c'est le Roi des Rois, l'arbitre des humains,
Venez, adorons-le, (ter.) le Seigneur.

Soumis avec respect aux ordres de son Père
Il descend ici bas,
Et pour nous racheter il souffre la misère,
Et même le trépas.
Cet homme-Dieu qui sait, en s'anéantissant,
Confondre ainsi l'orgueil d'un ennemi puissant,
Venez, adorons-le, (ter.) le Seigneur.

Du Dieu qui l'engendra d'une source éternelle,
Ce fils est la splendeur :
C'est à lui qu'au séjour de sa gloire immortelle
Les Saints rendent honneur.
Sous les traits d'un mortel, je vois l'Être-Suprême,
L'Être qui nous a faits, nous conserve et nous aime,
Venez, adorons-le, (ter.) le Seigneur.

Quis non fateatur
Deum quem testantur
Tres Magi, sidus,
Æthera, mundus ?
Neu dubitandum,
Vere Dei verbum,
Venite adoremus, (ter.) Dominum.

Quem cœli proclamant,
Quem terræ adorant
Angelis juncti,
Cantemus læti.
Infantem Deum
Nunc et in æternum
Venite, adoremus, (ter.) Dominum.

Cet enfant est le Dieu que la Terre révère,
Tout sert à l'attester :
Les Mages , les Pasteurs , l'Astre qui les éclaire
Défendent d'en douter.
Reconnaissons ici le verbe créateur ,
Et plain de confiance en ce divin Sauveur
Venez , adorons-le , (ter.) le Seigneur.

Quand la nature adore et que le Ciel publie
Ce Roi de l'Univers ,
Elevons jusqu'à lui la touchante harmonie
De nos joyeux concerts.
Afin qu'ayant ici célébré ses louanges ,
Nous répétions au Ciel , unis avec les Anges ,
Venez , adorons-le , (ter.) le Seigneur.

ODE

Sur le Retour des BOURBONS.

REPRENEZ les concerts de vos antiques fêtes;
Peuples qui gémissez sous un joug rigoureux;
Arrachez de vos fronts vos cyprès douloureux,
C'est de lis en ce jour qu'il faut orner vos têtes.

Les tems sont arrivés qui calment vos alarmes:
Ce Roi tant désiré, ce Roi cher à vos cœurs,
Qu'Albion vit long-tems pleurer sur nos malheurs;
Vient tarir pour jamais la source de vos larmes.

Les funestes destins qui pesaient sur la France
Eteignant dans ses pleurs les feux de leur courroux;
Sous son empire heureux et sous un ciel plus doux,
Nous laisseront goûter la paix et l'abondance.

A peine son aspect éclaire nos rivages
Que déjà l'allégresse éclate dans ces lieux
Où l'on voyait naguère un tyran furieux
Faire régner le deuil , le meurtre et les ravages.

Ce fougueux conquérant qui , par toute la terre,
allait semant la mort, le carnage et l'horreur ,
Aux bords glacés du Don, porté par sa fureur,
A vu dans les frimats s'éteindre son tonnerre.

En vain pour échapper au coup qui la menace
Son aigle dans Lutzen prend un essor tremblant :
Sur le faîte ébranlé de son trône sanglant
En vain rien ne paraît étonner son audace.

Renversé comme un roc que le maître du monde
Précipite d'un trait dans le gouffre des mers,
Sa grandeur éclipsée aux yeux de l'univers
Tombe et fuit avec lui dans une nuit profonde.

Des rives du Mexique à celles du Bosphore,
Le bruit de son revers soudain se répandit,
Le Volga s'en émut, le Gange l'entendit,
Et l'Europe étonnée en retentit encore.

O triomphe ! ô Français ! vous nagez dans l'ivresse,
Des larmes de plaisirs ruissèlent de vos yeux !
Et vos voix à l'envi font monter jusqu'aux cieux
Et des chants de victoire et des cris d'allégresse.

L'aimable Paix descend des demeures célestes :
Le flambeau de la guerre étouffé dans ses bras,
N'allume plus enfin dans nos heureux climats
Les bruyans instrumens des discordes funestes.

Après vingt ans de maux, qu'il est doux pour la France
De respirer tranquille à l'ombre de ses lys !
Qu'il est doux de goûter, loin du trouble et des cris,
Le calme, le bonheur, les plaisirs, l'innocence !

France ! ils sont oubliés ces tems dont la mémoire
Allait flétrir ton nom d'un opprobre odieux ;
Un Roi sage, l'amour de la terre et des cieux,
Va te rendre les traits de ton antique gloire.

Déjà je vois partout à l'abri de son trône
Les lettres, le commerce et les arts florissans :
Et nos riches cités et nos temples brillans
Réfléchissent déjà l'éclat de sa couronne.

Essuye enfin tes yeux, cesse tes cris funèbres,
Sainte Eglise, ton Dieu, sensible à ta douleur,
Renversant à tes pieds ton superbe oppresseur,
Change en jours lumineux tes épaisses ténèbres.

Paisible désormais et brillante de gloire,
Tu pourras, de ton cœur signalant les transports,
Dans les ravissemens de tes divins accords
Célébrer ton Seigneur, LOUIS et la Victoire

De tes temples pompeux les voûtes parfumées
Retentissent de cris et de chants solennels ,
Et la Terre à genoux aux pieds de tes autels
Révère ta grandeur, craint le Dieu des armées.

*

Assise avec LOUIS sur ce trône sublime
Dont déjà la splendeur rend le Monde étonné ;
Le front paré d'olive et de lys couronné ,
Tu braveras en paix les attentats du crime.

*

Du sommet éclatant des hauteurs éternelles ;
Grand Dieu ! sur ce Monarque abaisse tes regards !
Que par toi défendu, mieux que par cent remparts ,
Son empire fleurisse à l'ombre de tes aîles.

*

Qu'au bonheur des humains sa vertu consacrée
Confonde des méchans les complots ténébreux ;
Et, veillant sur ses jours, fais que son règne heureux
Des règnes les plus longs égale la durée.

SONNET

Sur la rentrée de BONAPARTE *en Mars* 1815.

QUEL génie infernal, quelle perfide rage,
Monstre, t'a fait quitter ton humide séjour ?
Quel démon, te lançant soudain sur ce rivage,
Nous arrache ce Roi si cher à notre amour ?

Quoi ! l'Europe verra par ta fureur sauvage
La France s'abymer et périr sans retour !
Et ces peuples encor menacés d'esclavage,
Ne t'arracheraient pas et le sceptre et le jour !

Non, non, c'est fait de toi. La colère des cieux
Brûlant de foudroyer un traître audacieux,
Allume son tonnerre et ta chûte est certaine.

Je vois, je vois, tyran, tes farouches soldats
Sous le bras d'Alexandre étendus sur la plaine
Et ton infâme sang laver tes attentats.

F I N.